AU CŒUR DU COMPLOT

DU MÊME AUTEUR

L'Opium des imbéciles, Grasset, 2019.

RUDY REICHSTADT

AU CŒUR DU COMPLOT

BERNARD GRASSET
PARIS

Photo de la bande : JF Paga.

ISBN 978-2-246-82338-4

NOTE DE L'ÉDITEUR

L'auteur a fait le choix de conserver inchangée l'orthographe, perfectible, des messages extraits de plateformes de réseaux sociaux. Dans de rares cas, ces messages ont été partiellement tronqués, ce que signalent les points de suspension entre crochets.

À Elisa

« Si ceux qui disent du mal de moi savaient exactement ce que je pense d'eux, ils en diraient bien davantage. »

Sacha GUITRY

1

J'étais le genre d'enfant qui adorait la mythologie, le genre d'enfant à espérer qu'un jour prochain on découvrirait vraiment l'emplacement de l'Atlantide. J'aimais les Lego Pirates, *Les Cités d'or*, les romans de Philippe Ébly et, en général, le mélange de l'histoire et du fantastique. Vers l'âge de dix ans, je me rêvais futur possesseur d'un galion même si j'avais le mal de mer. Je dois confesser qu'en revêtant ma panoplie de mousquetaire, il m'arrivait de me préparer mentalement au retour d'un roi en France depuis qu'une nouvelle traduction des prophéties de Nostradamus l'avait annoncé, information glanée dans quelque hebdomadaire pourtant très sérieux qui traînait chez mes grands-parents. Le républicain que je suis a un peu honte aujourd'hui de l'espèce de Stéphane Bern en puissance qu'il était alors, mais c'est ainsi : la fête de la Fédération ne m'intéressait pas. Mon truc à moi, c'était le sacre de Reims, Louis XIV. Et puis Alexandre, César, Napoléon… Ma mégalomanie infantile se satisfaisait en outre de ce que mon patronyme me rattachait de manière cryptique à la Grande Histoire.

Ma proximité avec l'histoire du XXe siècle la dépouillait à mes yeux de tout exotisme. Pour être vraiment le passé, il fallait *grosso modo* que le passé ait des allures de film de cape et d'épée, qu'on y entende le cliquetis des sabres et le hennissement des chevaux lancés au galop sur le champ de bataille. La Seconde Guerre mondiale m'était trop familière. Dans les années 1980, elle continuait à produire ses effets dans l'actualité – à preuve : le procès Barbie. Ce n'était pas encore une histoire complètement terminée. C'était la toile de fond de la génération de mes grands-parents, comme un horizon auquel ils tournaient le dos mais toujours bien là, à l'arrière-plan. Et je vivais dans le même immeuble que mes grands-parents.

Il ne s'était pas écoulé quarante ans entre la conférence de Wannsee et ma naissance. J'avais déjà six ans quand est mort, dans son lit, le dernier des participants à cette réunion secrète chargée d'entériner les derniers détails de la Solution finale. J'ai été et suis encore pour quelque temps le contemporain de personnes qui ont traversé cette époque. Je peux attester que des gens ont vécu et ont été exterminés ; que par millions, ils étaient là avant la guerre et qu'après la guerre ils n'étaient plus là. Si, par hypothèse, des historiens se mettaient demain à expliquer que la réalité historique de Clovis n'est pas aussi certaine qu'on le pensait, j'en serais stupéfait mais pas au point de refuser de me raviser si un consensus scientifique émergeait pour valider leurs vues révolutionnaires. La Shoah, au contraire, est ce trou béant qui, pour moi, a quelque chose de solidement tangible, de palpable, de granitique.

Ce n'est qu'à l'adolescence que je commençai à entrevoir l'abîme désespéré de noirceur et d'ignominie que fut la Shoah. Un monde avait bel et bien été englouti pour toujours.

Sauf que ce continent perdu ne s'appelait pas l'Atlantide, mais les Juifs d'Europe.

L'hypothèse de Dieu m'apparut comme un scandale en soi. En plus d'être ce qu'ils avaient toujours été, une insulte à la raison, la superstition et le préjugé me devinrent odieux. N'avaient-ils pas délesté la conscience des tueurs de tout surmoi ? Ne les avaient-ils pas préparés à consentir au crime le cœur léger ? Quant aux questions que nous nous posons tous, celles relatives à la vie après la mort ou à l'existence d'une vie intelligente extraterrestre, elles perdirent pour moi de leur attrait. J'aime la science-fiction mais je l'aime à sa place : la Catastrophe avait eu lieu, cela s'était réellement passé, personne ne l'avait encore vraiment digéré, n'en avait encore vraiment saisi les implications, l'urgence était là et pourtant des inconscients continuaient à se passionner pour les ovnis, les fantômes, la réincarnation. Le monde n'avait-il pas de problèmes plus impérieux à régler ? N'y avait-il pas déjà bien trop à faire avec le réel, dans son insondable cruauté, pour ne pas s'embarrasser en plus de questions qui ne se posaient pas ? Je développai une méfiance à l'égard de toutes ces spéculations oiseuses qui, nous détournant de l'essentiel, ne tarderaient pas à trouver une vigueur renouvelée avec l'avènement d'Internet. Le réel manquait de défenseurs. J'étais résolu à prendre son parti.

Car je découvris aussi que mon siècle n'avait pas seulement inventé les chambres à gaz. Il avait, dans la foulée, engendré ceux qu'on appelle les négationnistes – ces nostalgiques d'un génocide dont ils contestent la réalité pour mieux le célébrer et à leur façon le parachever. Le négationnisme symbolisa rapidement pour moi le mensonge *total*. On peut toujours commettre une erreur, se tromper. Mais comment appelle-t-on quelqu'un qui se trompe systématiquement au profit des nazis et au détriment des Juifs ? Ces ennemis de la réalité historique ne se trompaient pas. Ils falsifiaient le réel en connaissance de cause.

2

Je n'ai jamais pensé que les complotistes étaient tous des imbéciles. Se donner autant de mal pour le paraître alors que, justement, on ne l'est pas, suppose un indéniable talent. Je n'irai pas jusqu'à parler de génie, mais une application et une constance admirables dans l'ineptie, c'est certain. Vous me trouvez injuste ? C'est que vous n'avez pas idée de ce qu'il m'a été donné de voir, lire, entendre au cours de toutes ces années passées à documenter le phénomène conspirationniste. Une bêtise à faire saigner les yeux et les oreilles.

Je ne parle pas seulement des théories du complot les plus extravagantes. Je parle aussi de ceux qui les fabriquent et les relaient. Car ces théories du complot, il va bien falloir admettre qu'elles ne tombent pas du ciel.

Alors, bien sûr, c'est plus compliqué que cela. Je sais bien que certains complotistes sont tout sauf des imbéciles. Je devine aussi qu'on déroge aux règles élémentaires de la rhétorique lorsqu'au lieu de flatter son auditoire, on commence par le secouer. Il paraît qu'agir ainsi serait « contre-productif ». À voir. On ne me persuadera pas si facilement que le meilleur moyen de lutter contre le complotisme soit de brosser les complotistes dans le sens du poil.

Disons-le tout de go : une fraction de ceux qu'on appelle « les complotistes » me semble totalement irrécupérable. Il n'est probablement pas bienséant de le formuler de cette manière mais tout ce que j'ai pu observer au cours de ces années me conduit à le penser.

Parler d'« imbéciles » n'est pas pour moi une manière de me poser en surplomb mais la seule façon d'être sincère, c'est-à-dire réellement respectueux. La moindre des politesses qu'on doit à ceux qui prennent le temps de nous lire de même qu'à ceux qu'on combat, c'est d'être franc.

La vérité est que le complotisme et l'imbécillité ont partie liée – l'imbécillité entendue non pas d'abord comme déficience mais principalement comme paresse intellectuelle et comme fragilité psychologique. Ils sont nombreux parmi les « conspi-friendly » à s'interdire de le dire, bien qu'ils le sachent parfaitement et le reconnaissent parfois sans difficulté une fois les micros éteints. Ils sont nombreux à attaquer ceux qui osent l'affirmer sans détour. Parce qu'au fond, ils recherchent les faveurs des complotistes comme un démagogue essaie de s'attirer les suffrages du plus grand nombre d'électeurs possible : en les méprisant.

Je ne les méprise pas. Je les combats.

3

Après mes études à Aix-en-Provence, je montai à Paris où je commençai à exercer comme rapporteur contractuel à la Cour nationale du droit d'asile. Pendant plus de quatre ans, parallèlement à une anecdotique et fort irrégulière activité de pigiste qui ne suffisait pas à payer mon loyer, j'instruisis des demandes d'asile, plusieurs dizaines par mois, activité consistant pour l'essentiel à rédiger un rapport pour chaque dossier, à en donner lecture en séance publique et à écrire ensuite la décision attribuant ou non une protection au demandeur. Une école de l'humilité. Car tout compte fait, on ne sait pas, on ne sait jamais. On peut avoir une certitude sur la circonstance d'être, à un moment donné, mené en bateau mais, même dans ce cas-là, la question de savoir si le demandeur craint personnellement pour sa vie en cas de retour dans son pays d'origine ou s'il invente tout pour bénéficier d'un titre de séjour lui permettant de se maintenir sur notre sol, cette question-là demeure la plupart du temps insoluble.

J'avais vingt ans le 11 septembre 2001. Cet événement fut la grande affaire de ma première vie d'adulte. Dans les années qui suivirent, le conspirationnisme autour des attentats du 11-Septembre et le conspirationnisme en général (c'était l'époque où le *Da Vinci Code* de Dan Brown faisait un carton en librairie) devinrent pour moi des objets de pensée. Sur le sujet, je dévorais à peu près tout ce qui me tombait sous la main. Je suivis l'affaire Meyssan, lus l'ouvrage d'Antoine Vitkine, *Les Nouveaux Imposteurs*, me précipitai au cinéma pour voir *Les Protocoles de la rumeur*, de Marc Levin. Je passai des heures sur les premiers sites de *debunking* américains qui entreprenaient de réfuter systématiquement l'argumentaire complotiste sur le 11-Septembre. Ils n'avaient rien à gagner, n'étaient armés que de leur bonne foi, de leur patience et de leur désir d'assainir le débat public sur un sujet trop grave pour être laissé aux charlatans de la désinformation, aux fous et aux propagandistes professionnels. J'admirai le caractère sisyphéen et désintéressé de leur démarche.

Je ne manquai pas de remarquer que le discours conspirationniste présentait la même structure que le discours négationniste – oserais-je ajouter : « comme par hasard » ? Je m'étais initié aux subtilités perverses de l'argumentaire négationniste par la fréquentation de deux sites web proposant, chacun à leur manière, de très précieuses ressources documentaires sur le génocide des Juifs et sa négation : celui de Gilles Karmasyn, PHDN.org, avec qui je nouerai, des années plus tard, une solide amitié. Et le site de Michel Fingerhut, anti-rev.org, où je découvris pour la première fois les textes de Pierre Vidal-Naquet.

Sur Internet, il n'existait alors en langue française aucun lieu qui rende librement accessibles au public des informations fiables et des analyses critiques sur le phénomène conspirationniste et sur les différentes théories du complot en circulation. Aucun lieu qui fasse la généalogie de ces affabulations, en retrace le parcours, en décrypte les fonctions. Ce sera Conspiracy Watch. À l'automne 2007, le site était lancé. Il n'avait pas d'autre ambition alors que celle qu'il a encore aujourd'hui : être utile, faire gagner du temps aux internautes, leur montrer d'où viennent ces théories du complot, par quels circuits elles sont passées, les conséquences qu'elles ont eues et les bonnes raisons d'en douter.

Il ne fallut que quelques mois pour que les premières attaques se manifestent. En mars 2008, les adeptes du complotiste américain Lyndon LaRouche, représentés en France par le parti de Jacques Cheminade, Solidarité & Progrès, présentèrent Conspiracy Watch comme un repaire de « néo-conservateurs ». L'épouse de LaRouche, une dénommée Helga Zepp, avait suggéré dans un texte que la construction européenne s'insérait dans « une stratégie impérialiste de confrontation, dirigée contre la Russie et la Chine » et que le traité de Lisbonne était un « coup d'État ». Elle présentait surtout la clause de solidarité prévue par le traité comme une disposition belliqueuse qui forcerait les États européens à s'équiper en vue d'interventions armées offensives auxquelles ils ne pourraient se dérober. Exposer les choses ainsi était, au pire, trompeur et relevait, au mieux, d'une interprétation très contestable de la lettre du traité. En guise de réponse à un article, Solidarité & Progrès traita Conspiracy Watch de « nébuleuse de petits néo-conservateurs français [...] fortement peuplée d'individus prêts à démarrer au plus vite les frappes aériennes contre l'Iran, la Syrie, le Soudan, la Libye, Cuba, le Venezuela, Poutine, Benoît XVI [et] la Chine ». Les « néo-conservateurs » constituant la tête de Turc que s'était choisie de longue date le mouvement larouchiste, toute critique le visant ne pouvait provenir que du camp des « néo-conservateurs ». CQFD. Quant à moi, j'avais animé pendant trois ans, à Sciences-Po Aix, un très peu « néo-conservateur » comité

Jean-Jaurès. Je regardais les néo-conservateurs américains qui entouraient George W. Bush avec un mélange de scepticisme et de défiance, j'étais personnellement hostile à l'invasion de l'Irak et, si je me réjouissais de la chute d'une des pires dictatures du Moyen-Orient, j'étais aussi très circonspect sur l'idée que la démocratie puisse être parachutée du ciel, après qu'un tapis de bombes lui a dégagé la voie.

J'expérimentai le fait d'être pris pour cible par les complotistes. Les partisans de Lyndon LaRouche n'ont pas cherché à contre-enquêter et à argumenter sur le fond. Notre critique ne pouvait procéder que d'une intention maligne. Il fallait nous dénier toute bonne foi, faire de nous autre chose qu'un site d'information critique sur le complotisme : des marionnettes, des agents au service d'une « nébuleuse » de docteurs Folamour.

La première menace de mort caractérisée que je reçus date de 2010. Plainte, enquête, convocation, audition, aveux, regrets, classement sans suite.

Dans les années qui suivirent, je finis par cristalliser sur ma personne une détestation nourrie tout particulièrement par les attaques de Dieudonné, d'Alain Soral et de leurs séides. La somme de mensonges, de calomnies, de déformations de la réalité et d'accusations malhonnêtes que cela a représenté m'a probablement fait comprendre ce qu'était le complotisme mieux que tous les traités. J'ai en effet l'avantage sur mes procureurs improvisés de pouvoir apprécier par moi-même l'écart entre ce qu'ils profèrent à mon endroit et la réalité. C'est là un poste d'observation privilégié que je partage avec quelques compagnons d'infortune : mieux que quiconque, nous *savons* que ce qu'on raconte sur nous est faux. Je *sais* que je ne travaille pas pour une agence de renseignement, un lobby ou une quelconque autre entité. Je *sais* que je ne reçois d'ordres, de consignes ou de recommandations de personne. Je *sais* que je n'ai jamais été financé par George Soros, Bill Gates ou une puissance étrangère. Cette connaissance est sans doute inutile pour convaincre de ma bonne foi celui qui refuse par principe d'être convaincu, car quel homme corrompu ne commencerait pas son plaidoyer en niant l'être ? La ruse du diable n'a-t-elle pas toujours été de faire croire qu'il n'existait pas ? Reste que cette connaissance constitue un précieux viatique pour saisir intimement le phénomène complotiste, par le versant de l'expérience.

Parce qu'on comprend mieux la facilité avec laquelle le complotisme peut, aux yeux de l'opinion, transformer un honnête homme en crapule et faire d'un innocent un coupable, parce qu'on en éprouve aussi toute l'injustice, on fraternise inévitablement, dans le secret de sa conscience, avec ces innombrables boucs émissaires sur lesquels, depuis des temps immémoriaux, s'est concentrée la haine grégaire. Ainsi qu'avec tous ces médecins diffamés, journalistes calomniés, élus voués aux gémonies. C'est pour eux que je voudrais témoigner ici.

4

Depuis l'automne 2021, je dispose d'une petite chronique hebdomadaire dans *Franc-Tireur*, le journal lancé avec mes camarades Caroline Fourest et Raphaël Enthoven. Je cumule cette activité avec celle de directeur de Conspiracy Watch. Pour la décrire le plus brièvement et le plus fidèlement possible, je dirais ceci : je travaille avec une équipe resserrée de collaborateurs. Il m'arrive de les lancer sur un sujet. Il leur arrive de me proposer un angle. Dans tous les cas, nous en parlons. Une fois leur texte livré, je l'édite, c'est-à-dire que je le corrige, le complète ou en retranche le cas échéant une partie. Parfois, nous sommes plusieurs à intervenir sur un texte qui est alors signé de « La Rédaction ».

En somme, mon quotidien est prosaïque. Il est fait de lectures, d'écriture, de consultation de vidéos en ligne, de gestion de mes messageries, de tâches administratives, de rendez-vous, de coups de téléphone, d'échanges avec mes collaborateurs et d'interventions en public. Il n'est pas fait d'ordres pris auprès d'un employeur occulte pour fomenter des coups tordus ou de commandes louches passées à des exécutants. Tout cela ne relève de rien d'autre que du fantasme.

Au cœur du complot, donc, rien ? Pas tout à fait. Si l'on nous accuse de conspirer, je plaide coupable. C'est vrai, nous *conspirons*. De fait, nous conspirons à donner du fil à retordre aux escrocs de la désinformation, aux théoriciens du complot professionnels et aux mercenaires des propagandes autocratiques. Bien que cette activité soit, depuis le premier jour, revendiquée ouvertement et qu'elle n'ait rien de secret, je suis régulièrement accusé de complicité avec à peu près tous les complots imaginaires imaginables : le complot de l'industrie pharmaceutique pour faire des profits indus sur la santé des gens ; le complot de Bill Gates pour nous vacciner de force ; le complot des élites « satanistes » pour enlever nos enfants ; le complot « sioniste » pour exterminer les Palestiniens ; le complot du « remplacisme global davocratique » (Renaud Camus) pour génocider les Blancs ; le complot du mondialisme pour dissoudre les peuples ; le complot des riches pour diminuer la population mondiale ; le complot des banques pour étrangler les peuples par la dette ; le complot des médias pour manipuler les esprits ; le complot « atlantiste » pour assiéger la Russie ; le complot de George Soros pour déstabiliser le monde…

Il est essentiel que ces complots soient formidables. Car, en nous accusant de faire partie de cabales aussi extraordinaires, ceux que nous critiquons se haussent du col, se donnant l'impression d'être suffisamment importants pour que les puissances cachées de ce monde intriguent contre eux.

Qu'on ne s'y trompe pas : derrière l'apparent renouvellement des accusations, les complotistes ont peu d'imagination. Ils ne font pas preuve d'une grande inventivité. On peut même affirmer qu'ils manifestent un panurgisme stupéfiant.

Bien sûr, le complotisme fait son miel de la réalité, il s'accroche à l'actualité. Sur la scène complotiste se pressent sans cesse de nouveaux acteurs. On fait évoluer la mise en scène, on rafraîchit le décor, on rempaille les fauteuils des spectateurs – depuis quelques années, on leur propose même de monter sur scène. Mais au fond, les ressorts dramaturgiques, le répertoire, la mécanique n'ont pas bougé.

De toutes les accusations dont mes camarades et moi sommes les cibles, il en est une plus poisseuse que les autres. Des pages web administrées anonymement recensent les noms de journalistes prétendument complices de la pédocriminalité « élitiste », celle qui demeurerait à jamais insaisissable parce qu'elle déploierait ses tentacules partout dans la justice, la police, la haute administration, la politique et les médias. En réalité, ces journalistes sont simplement coupables d'avoir critiqué l'instrumentalisation politique de ce sujet grave par des propagateurs de théories du complot. Pour faire porter le soupçon sur d'obscurs « réseaux », ces derniers n'hésitent pas à exploiter l'indignation provoquée par les affaires de pédophilie et à exonérer au passage certains pédocriminels de l'entière responsabilité de leurs actes – ils seraient de simples lampistes. La protection de l'enfance a bon dos.

Ces incriminations me valent de recevoir régulièrement des messages d'intimidation et de menaces. Mes compagnons de lutte sont eux aussi en proie à des commentaires ignobles imaginant pour nous toutes sortes de supplices et de techniques de mise à mort. Parfois, des internautes plus cléments se satisferaient que nous soyons simplement jugés et placés en détention. Dans un geste visant à tourner en dérision les délires qui circulent dans la mouvance dite « QAnon », mon ami Tristan Mendès France a posté une photo de lui en train de porter à sa bouche un mug sur lequel est inscrit en anglais « Ne me parlez pas avant que j'aie pris mon adrénochrome ». Résultat : on l'accuse de faire la promotion de cette substance qui, selon la mythologie complotiste contemporaine, serait prélevée sur des enfants enlevés à leurs familles et torturés pour être vendue ensuite aux puissants de ce monde qui s'en serviraient comme drogue ou élixir de jouvence. « Ces gens doivent aller en prison et non être banni de Twitter », s'indigne par exemple Lamia, commentant la photo de Tristan (Twitter, 12 décembre 2022).

C'est immédiatement après avoir été taxé de « complice de la pédocriminalité organisée par les élites » que l'un de mes autres comparses, Thomas Huchon, journaliste spécialisé sur le complotisme, a été violemment agressé par l'un de ses anciens amis d'adolescence ayant viré soralien. Il a écopé de dix jours d'incapacité totale de travail.

Le 5 décembre 2019, un groupe d'une vingtaine de complotistes radicaux, se présentant sous le nom de « Gilets jaunes constituants » (des adeptes d'Étienne Chouard) se sont rendus physiquement en un lieu qu'ils avaient préalablement identifié comme étant mon bureau à Paris. Trouvant porte close, ils ont réalisé puis posté sur YouTube une vidéo de quelques minutes les montrant en train de manifester aux cris de : « À bas l'usure ! »

et me reprochant d'être « payé par David de Rothschild ».

« Rothschild », ce nom qui déchaîne les fantasmes, ce nom que, depuis plus de cent cinquante ans, on mêle abusivement aux guerres, aux crises économiques, aux assassinats politiques, aux révolutions, aux épidémies, aux génocides, à la dette publique. On en vient à se demander de quoi les Rothschild n'ont pas été accusés (et si répondre à cette question ne prendrait pas moins de temps que de recenser les innombrables rumeurs que leur légende noire a suscitées). D'autant que le mythe s'épaissit sans cesse de nouvelles incriminations. Fin octobre 2022, c'est un directeur de recherche au CNRS, économiste et prêtre jésuite, Gaël Giraud, qui a prêté à David de Rothschild « un grand projet eschatologique [de] privatisation absolue du monde ».

Il se trouve que David de Rothschild – avec qui je n'ai, du reste, jamais eu l'occasion d'interagir personnellement – est le président de la Fondation pour la Mémoire de la Shoah (FMS), fonction à laquelle il succéda à Simone Veil. La FMS est une fondation d'utilité publique dont la dotation provient de la restitution par l'État et des institutions financières des fonds en déshérence issus de la spoliation des Juifs pendant la Seconde Guerre mondiale. Depuis quelques années, Conspiracy Watch, site que j'ai animé pendant dix ans sans jamais solliciter l'aide financière de quiconque, s'est professionnalisé. L'historienne Valérie Igounet, spécialiste du négationnisme, codirige avec moi la rédaction et la FMS accorde son soutien à notre petite équipe. La commission qui décide de ce soutien est collégiale. Elle est composée de personnalités qualifiées (hauts fonctionnaires, universitaires, enseignants...), est renouvelée régulièrement et David de Rothschild n'y siège pas. La FMS nous aide – comme elle aide toutes sortes d'autres projets tels que des films, des livres ou des formations – sur la base d'un dossier de demande de subvention que nous lui adressons chaque année. Elle n'a jamais cherché, pas plus qu'aucun autre de nos bailleurs de fonds, à interférer dans notre ligne éditoriale ou sur les contenus que nous publions. Il est un peu fastidieux de détailler tout cela mais c'est la seule manière de rendre compte du décalage entre le fantasme et la réalité.

Toujours est-il que, dans les commentaires postés sous la vidéo des « Gilets Jaunes constituants », on me reproche de faire partie d'une « cinquième colonne au service du judaïsme politique » et l'on me promet en même temps de « ne pas [m']oublier à la Libération ». Intéressante conception de l'histoire… Le commentaire « Mort aux collabos des Rothschild !!! » recueille des dizaines de pouces levés – et aucun pouce baissé. Et je ne parle là que d'une seule vidéo. Un autre de ces commentaires me qualifie d'« empoisonneur de puits », référence à un thème d'accusation médiéval remontant à la Peste noire (XIVe siècle) et qu'on verra refleurir à la faveur de la crise sanitaire. En août 2020, un graffiti « Buzyn empoisonneuse de puits », suggérant que l'ancienne ministre de la Santé est derrière la pandémie de Covid, apparaît sur un panneau lumineux situé au-dessus de l'autoroute A6, en direction de Paris. Preuve que ces injures pogromistes ne restent pas cantonnées à l'univers numérique.

Les commentaires de ce genre, j'en reçois tout au long de l'année, depuis des années. Le phénomène va s'intensifiant. Ce n'est plus tout au long de l'année mais tous les jours et, certains jours, plusieurs fois par jour.

En voici un échantillon : « Tu sais qu'un jour tu risques d'être tondu ? » (Sylvain Baron, Twitter, 27 décembre 2020). « Celui-là faut pas le louper ! Il a cogné sur les meilleurs lanceurs d'alerte.. payé par les Rothschild... Quand le peuple prendra le pouvoir, ce que j'espère, c'est la potence direct et sans procès.. Pas besoin de procès pour ce genre d'individu !! » (phil3522 phil, YouTube, 22 avril 2021). « Rudy Reichstadt, souvenez-vous de son nom pour lorsqu'il faudra l'ostraciser lui et ses complices censeurs, chiens de garde des capitalistes, drapés dans la vérité officielle des dominants du moment. Non en fait oubliez son nom, ce pleutre partira de lui-même quand ça tournera.. » (Jean-André Àfout', Twitter, 6 juin 2021). « Rudy Reichstadt, la figure même du chien de garde [...]. À force de mentir, de mépriser, de manipuler et de diffamer, il risque de se retrouver un jour face à la réalité physique, malgré la protection de l'Etat pour lequel il travaille » (Jason Smith, YouTube, 27 janvier 2022). « Un menteur patenté financé par nos impôts » (Bruno Watré, Twitter, 26 juillet 2022). Postant un montage faisant apparaître ma photo, celle de Julien Pain (l'animateur de l'émission « Vrai ou Fake », sur France Info) et celle de Tristan Mendès France, l'ancien Gilet jaune Christophe Chalençon l'assortit de ce commentaire : « Toute cette racaille doit être pendue haut et court ! » (VK, 17 octobre 2022). Le 24 décembre 2022, Léonard Sojli, le fondateur du média complotiste Les DéQodeurs, explique que Tristan Mendès France et moi-même sommes « l'épicentre du mal ». (Joyeux Noël !)

« Qui se cache derrière eux ? » interroge le compte Twitter du collectif antivax VERITY France, commentant un visuel reprenant ma photo et celles de Tristan Mendès France, de

Thomas Huchon et de Julien Pain (Twitter, 11 juin 2022). À quoi l'ancien sénateur UDI reconverti dans le complotisme Yves Pozzo di Borgo répond : « Le réseau des ONG et sociétés de communications atlantistes sont derrière ces personnages et très certainement la CIA ! » (Twitter, 11 juin 2022). Quelques jours plus tôt, le même écrivait : « Ce Rudy Reichstadt est dangereux avec sa diabolisation des pensées qui ne correspondent à la Doxa ambiante ! Il participe à une stratégie atlantiste issue des réseaux du pouvoir américain ! Ce serait intéressant qu'en toute transparence il nous indique ses sources de financement ! » (Twitter, 7 juin 2022).

Je serais, assure un compte Twitter anonyme, « le chef de file de l'islamophobie en France », rien de moins ! Après *Charlie*, après Paty, après Rushdie, les islamistes et certains de leurs amis nous traitent donc d'« islamophobes », nous mettant tranquillement une cible dans le dos, prenant en otage la question, sérieuse, du rejet des musulmans, mais étant évidemment bien en peine de citer ne serait-ce qu'un exemple de notre prétendue hostilité à leur égard. Parmi eux, François Burgat. Ce directeur de recherche émérite au CNRS parle de moi comme du « marionnettiste de Conspiracy Watch » (Twitter, 21 septembre 2021). Notez bien : pas « directeur de Conspiracy Watch », « marionnettiste ». Comme si je me cachais. Ou, plutôt, comme s'il fallait brosser de moi le portrait d'un homme tapi dans l'ombre, tirant les ficelles dans les coulisses. L'imaginaire complotiste en somme. L'imaginaire antijuif, aussi. Il suffit pour s'en convaincre de se reporter à l'abondante iconographie qu'a pu inspirer la hantise du « complot juif », dans ses déclinaisons anti-judéo-maçonnique, anti-judéo-bolchévique ou anti-judéo-ploutocratique. Venant de ce même François Burgat qui réclame la « séparation du Crif et de l'Etat » et pourfend « les chaînes de la "télavivision" française », avouez qu'il y a de quoi être troublé. (Mais qu'il se rassure : jusqu'à nouvel ordre, être suspecté d'antisémitisme ne vous met aucune cible dans le dos.)

« Conspiracy Watch : conspira-sionisme ! » écrit encore François Burgat (Twitter, 22 septembre 2021), qui nous taxe également d'« officine israélienne » et de « vilaine petite officine sioniste ». « Une officine du Mossad », écrit carrément un courageux anonyme (Twitter, 11 février 2019). « Une officine complotiste », écrivait Jean-Luc Mélenchon (Facebook, 21 février 2018). Une « officine [...] bien introduite et écoutée dans les cercles du pouvoir », lit-on encore sur le site gouvernemental russe Sputnik France (10 septembre 2020). Une « officine très louche, très suspecte, pas nette », renchérit Idriss Aberkane dans la matinale de Radio Courtoisie (24 novembre 2022). Une « officine de dénégation et de propagande », complète Jean-Dominique Michel sur Twitter (19 janvier 2023).

Mieux, nous serions, Tristan Mendès France et moi, « parmi les nombreux agents qui contrôlent la pensée et sont parvenus à verrouiller la réflexion et l'imaginaire en France » (Izordelon, Twitter, 13 juin 2021).

Je serais aussi lié à « l'Etat profond britannique » (@_SUPERCOUILLON_, Twitter,

26 octobre 2022), « financé par les ONG à Soros » (Silvano Trotta, Twitter, 28 novembre 2020) et, plus récemment, par le Modem de François Bayrou. Conspiracy Watch ne serait « pas un simple site internet » mais « un site financé par le gouvernement anglais » et, même, un « compte du 10 Downing Street » (@Ultromique2022, Twitter, 21 août 2022).

La Fondation pour combattre l'injustice – véritable officine celle-ci, créée par l'oligarque et repris de justice russe Evgueni Prigojine, qui n'est autre que le patron de la ferme à trolls connue sous le nom d'*Agentstvo Internet-Issledovaniy* (ou *Internet Research Agency* en anglais) et de l'organisation criminelle Wagner – nous accuse de « [travailler] sur instruction de [nos] maîtres à l'Elysée ».

5

L'un des traits les plus frappants des campagnes que nous subissons est leur caractère disproportionné. Aussi bien par la fantaisie des accusations que par la violence des commentaires qui nous sont adressés et qui contrastent radicalement avec la placidité de nos interventions. Nous nous exprimons de façon nuancée. Nous péchons même parfois par prudence. Nous mettons une précaution extrême à évoquer ces choses de la manière la plus juste, la plus précise et la plus loyale. Notre travail parle – devrait parler – pour nous : factuel, sourcé, presque clinique. Le plus souvent, il est étranger à tout esprit de polémique. Les centaines de notices d'information qui sont accessibles sur Conspiracy Watch se contentent dans la grande majorité des cas de recenser les déclarations à caractère complotiste tenues par tel ou tel, en les documentant scrupuleusement et en expliquant en quoi elles sont problématiques. En d'autres termes, nous n'offrons guère de prise à la polémique. Et si c'était justement pour cette raison-là que nous suscitions une telle virulence ? Si c'était cette tempérance qui les rendait fous ?

L'activité consistant à dénoncer chaque jour de nouveaux complots imaginaires va de pair avec les campagnes de calomnie qui servent à faire diversion, à ajourner le moment fatidique où il faudra apporter des preuves de ce que l'on affirme. Mais quelle image de soi-même faut-il se faire pour s'avilir ainsi dans l'agit-prop complotiste, lancer des offensives haineuses, propager fausse information sur fausse information ? Pour choisir consciemment de remuer la même fange, encore et encore ? Mon hypothèse est que les personnes qui entrent dans notre champ d'observation, les meneurs, jouent leur va-tout. L'écosystème où ils évoluent désormais est un coin où l'on a à peine assez d'espace pour s'ébrouer. Un ghetto dans lequel il est périlleux de se laisser enfermer. Certes, ils ont franchi le Rubicon et tout retour en arrière comporte un coût difficilement supportable. Rebrousser chemin, c'est perdre l'estime, l'influence et la position chèrement acquises. Ils se sont compromis avec la bêtise et le mensonge, se rendent bien compte qu'ils sont nus comme l'empereur du conte d'Andersen et que nous les voyons tels qu'ils sont. Mais ils sont allés beaucoup trop loin pour se raviser. Ils ont trouvé la considération d'un public fidèle, aussi indifférent qu'eux à la question du vrai et du faux et d'autant plus disposé à mettre la main au portefeuille qu'il est galvanisé, convaincu que son indignation est sacrée, que le Grand Soir est pour demain et que l'urgence de la situation justifie bien de consentir de temps à autre quelques dons sonnants et trébuchants.

Bien sûr, beaucoup parmi les suiveurs sont fréquemment déçus. Les prophéties n'ont-elles pas toutes échoué l'une après l'autre ? Ne leur a-t-on pas promis cent fois « la vérité » sur l'assassinat de Kennedy, la chute de « l'État profond », le retour au pouvoir de Donald Trump et l'organisation d'un nouveau procès de Nuremberg ? Certains se rendent comptent que leur confiance a été abusée. Ils ont versé leur obole, participé à des cagnottes en ligne, envoyé leur chèque à un avocat qui leur faisait miroiter la traduction de ministres de la République devant la justice internationale. Ils se croyaient plus perspicaces que la moyenne. Ils s'aperçoivent maintenant qu'on les a pris pour des imbéciles. Que la seule manipulation était précisément celle qui cherchait à leur faire croire que tout était manipulation. Ils en ont un peu honte, se réfugient généralement dans le silence. Ou bien ils se mettent à témoigner. Mais pour un revirement de ce genre, combien de nouveaux adeptes les meneurs récupèrent-ils ? La machine infernale est lancée : au-delà d'un certain seuil de visibilité, l'influence du bonimenteur complotiste tend à s'auto-entretenir. Les nouvelles recrues remplacent et compensent en nombre celles qui font défection, prêtes à être utilisées dans de nouvelles campagnes de harcèlement.

Nous ne sommes, nous, à l'origine d'aucune campagne de harcèlement. Nous ne nous coordonnons pas avec d'autres spécialistes du *debunking* ou du *fact-checking*. Il nous arrive naturellement d'échanger avec eux et même de les recevoir dans nos émissions. Mais rien qui ressemble à la préparation d'un mauvais coup ou à un complot au vrai sens du terme.

C'est ce que nos détracteurs semblent ne pas pouvoir concevoir. Pourquoi ?

En 2011, deux chercheurs en psychologie sociale ont mis en évidence que les individus les plus friands de théories du complot sont aussi les plus susceptibles de prendre part personnellement à des conspirations. S'ils souscrivent à des théories du complot, c'est par un phénomène de projection : ils pensent que les autres ont conspiré parce qu'à leur place, ils conspireraient aussi. Raoul Girardet l'avait noté, vingt-cinq ans plus tôt : « La mythologie de la Conspiration tend [...] à apparaître comme la projection négative d'aspirations tacites, l'expression inversée de souhaits plus ou moins conscients, mais toujours inassouvis. L'ordre que l'Autre est accusé de vouloir instaurer ne peut-il être considéré comme l'équivalent antithétique de celui que l'on désire soi-même mettre en place ? Le pouvoir que l'on prête à l'ennemi n'est-il pas de même nature que celui que l'on rêve de posséder ? »

6

Nous sommes un petit nombre à concentrer sur nos personnes des attaques d'une virulence qu'on peine à imaginer. C'est un hommage à la qualité de notre travail en même temps que la confirmation que nous visons juste et que nous perturbons le tranquille ronron de l'entreprise de réécriture de la réalité dans laquelle sont engagés les complotistes. Les risques du métier, en somme.

C'est presque un théorème : quiconque s'avise de critiquer avec un tant soit peu de détermination les théories du complot finira tôt ou tard par attirer sur sa personne, tel un aimant à *fake news*, quantité de fausses informations et de rumeurs captieuses ; à se voir transformé en support de fantasmes complotistes.

Après tout, la chose n'est pas dénuée de logique : si vous critiquez ceux qui se persuadent d'affronter de sombres complots, il n'est pas si étrange qu'ils vous suspectent d'en faire vous-même partie.

Ainsi, travailler sur le complotisme, c'est se heurter à des ensembles argumentatifs faits de renversement de la charge de la preuve, d'« homme de paille », de *whataboutism*, d'inversion accusatoire, de faux dilemme, de questionnement fallacieux et de toutes sortes d'autres techniques destinées à imperméabiliser sa démonstration contre la critique et, si possible, à piéger ses contradicteurs. C'est être confronté au mensonge déconcertant de la propagande et à des bobards aussi incroyables que l'aplomb avec lequel ils sont proférés. C'est aussi, par voie de conséquence, s'instruire sur l'art de la calomnie.

Les rumeurs diffamatoires les plus fantaisistes ne sont pas nécessairement les plus toxiques. Se voir accusé de travailler pour la CIA ou le Mossad est presque flatteur et l'on préfère en sourire que s'en indigner. Se voir reprocher de gagner sa vie de manière malhonnête est beaucoup moins amusant. Précisément parce que la banalité de l'attaque la nimbe d'un halo de vraisemblance.

Le brouet mensonger servi à l'opinion déchaînée des réseaux sociaux – ce nouveau tribunal populaire – est en outre d'autant plus digeste qu'il distille ses accusations infamantes au milieu d'un luxe de détails et d'éléments circonstanciés : « Y eut-il des cas où vos participants, vos complices dans le criminel complot contre le pouvoir et le peuple soviétique répandirent des clous dans le beurre ? » demanda un jour le procureur Vychinski à un prévenu des procès de Moscou. « Rudy Reichstadt, est-ce les laboratoires pharmaceutiques qui vous ont payé un appartement à Monaco à 35 000 €/m² ? » (Thomas HAWK @ThomasH71486271, Twitter, 18 octobre 2022). Une calomnie efficace est en effet celle dont on peut se dire spontanément qu'elle « ne s'invente pas » et au secours de laquelle on peut mobiliser le vieil adage populaire : « il n'y a pas de fumée sans feu ».

Mais il y a une manière plus vénéneuse encore de mystifier le public : c'est de bétonner son réquisitoire au moyen d'éléments parfaitement véridiques, empêchant ainsi l'accusé de rejeter en bloc le costard de mensonges qu'on lui taille. Car un tissu de mensonges n'est jamais uniquement tissé de mensonges. Lorsque c'est le cas, il ne remplit pas (ou mal) sa fonction. Pour être opérante, la calomnie a besoin d'entretenir un semblant de relation avec la réalité qu'elle veut mutiler, comme un alpiniste plante ses pitons dans la paroi rocheuse qu'il escalade. Songez au pudding à l'arsenic dans *Astérix et Cléopâtre* : pour être appétissant, le gâteau empoisonné doit contenir de vrais morceaux de vrais fruits. La célèbre citation attribuée à Paul Valéry (même si elle est apocryphe) reste éclairante : « il y a plus faux que le faux, c'est le mélange du vrai et du faux ».

Le mélange des faits et de l'affabulation, du vérifiable et de l'indémontrable prend dans mon cas la forme d'une logorrhée déversée à peu près quotidiennement sur Internet – mes notifications Twitter en attestent. Il s'est aussi matérialisé sous la forme d'un parallélépipède d'encre et de papier commercialisé à partir de septembre 2021.

Oui, un livre.

Je reconnais avoir du mal à qualifier ainsi ce crachat diffamatoire, mensonger et délirant de 232 pages fabriqué sous les auspices d'une entreprise tenant davantage de la librairie néo-nazie que de la maison d'édition, et dont la promotion a été assurée par Égalité & Réconciliation, *Rivarol* et FranceSoir – qui n'a pas d'autre lien avec le journal fondé par Pierre Lazareff que son titre. D'autant que son auteur, François Belliot, une figure secondaire de la mouvance complotiste française, propage sur mon compte des inventions pures. Il s'acharne à m'y présenter en homme dangereux, en menteur pathologique, m'y qualifie de « démon », écrit que je serais « véritablement obsédé par les enfants et leur éducation », parlant à leur sujet de « chair [...] fraîche et prenable », me prête la volonté secrète d'envoyer les « complotistes » à la potence et appelle à ma « mise en accusation pour haute trahison » ! Car – et c'est bien là le fond de l'affaire – je m'ingénierais selon lui à travailler « dans l'intérêt exclusif de la communauté juive organisée ».

L'antisémitisme, cette puissante machine à fantasmes. L'antisémitisme dont Orwell écrivait que l'une de ses principales caractéristiques est « sa capacité à croire des histoires qui ne peuvent pas être vraies ».

7

L'une des spécialités du petit influenceur complotiste est de vous interpeller publiquement en vous assaillant de questions, de préférence très orientées et contenant des accusations déshonorantes. « Acermendax [...] Dirrigiez-vous, ou commandiez-vous des enquêtes à Fact&Furious, ou était-ce Rudy Reichstadt ? Etait-ce vous ou Ari Kouts qui préparait les tweets ? » (Xavier Azalbert, Twitter, 23 novembre 2022). Usurpant un statut de procureur auto-proclamé, il vous enjoint de répondre sur un ton désagréablement comminatoire. Il s'agit pour lui de prendre à témoin l'ensemble de ses suiveurs. La posture a son avantage : elle met votre accusateur dans la position de surplomb de l'arbitre impartial – alors qu'il est l'exact contraire d'un arbitre impartial – et vous dans celle, subordonnée, de l'accusé. L'alternative devant laquelle vous êtes alors placé est impossible car en répondant, vous participez de la diffusion de la rumeur, légitimez votre calomniateur et confortez l'idée que vous auriez réellement à vous justifier de quoi que ce soit. En ne répondant pas, vous lui laissez, à lui et à la meute de ses partisans, le champ libre pour continuer à se répandre en insinuations calomnieuses.

Bien sûr, vous ne tombez pas dans le piège, vous ne répondez pas. Discuter de manière constructive avec un complotiste est comme argumenter avec un mythomane : « Beaucoup de souffrance pour peu de résultat » (Desproges). Je crois que je pourrais aller jusqu'à dire que, si le dialogue est possible, c'est que vous n'avez pas conversé avec un vrai complotiste. Ou alors avec un complotiste qui, le temps de la discussion, dissimule ses véritables opinions pour des raisons stratégiques. Peu de temps avant l'écriture de ce texte, j'ai réessayé d'échanger sur Twitter avec un complotiste anonyme.

L'échange n'a pas duré et m'a rapidement fait sentir la justesse de cette célèbre métaphore du pigeon et du joueur d'échecs, où le volatile finit par renverser toutes les pièces, se soulager sur le plateau et se pavaner en clamant sa victoire.

Donc vous ne répondez pas. S'ouvre alors une phase que je rapprocherais du supplice bien connu de la goutte d'eau : le jeu – car pour eux c'en est un – consiste à vous pousser à bout en répétant, chaque jour, le même mantra, en vous mettant, chaque jour, *en demeure* de répondre, en vous mettant *au défi* de répondre, en sous-entendant que votre refus de répondre cache quelque chose, en suggérant que si vous n'aviez rien à cacher vous répondriez, en insinuant qu'on vous a trouvé les mains dans le pot de confiture, en tenant pour avéré que tout vous accuse, en se félicitant de vous avoir démasqué, en vous promettant le goudron et les plumes, en décidant que vous êtes terrorisé, paniqué, que vous ne savez plus où vous mettre, rongé par la honte et l'effroi, que vous fuyez la justice purificatrice des réseaux sociaux comme un vampire le soleil, comme un proscrit, comme un lâche, comme l'horrible personne que vous êtes. « Rudy Reichstadt est un monstre. Je ne sais pas comment il fait pour se regarder dans la glace. » (GATLIFF PLAGENS, Twitter, 10 janvier 2022).

Ce n'est plus seulement avec l'inquiétude que vous devez composer mais avec l'agacement et la colère. Car tout est entrepris pour vous faire sortir de vos gonds et vous attirer dans la mêlée – argument supplémentaire pour récuser votre objectivité.

Je parlais de « meute ». C'est réellement ainsi qu'ils se comportent. Comme des supporters fanatisés d'une équipe de foot, des hooligans de l'information prêts à fermer les yeux sur les erreurs d'arbitrage qui avantagent leur équipe, au fond aussi soucieux de la question du vrai et du faux que ne le sont leurs champions. Et tout ce beau monde se fait appeler « lanceurs d'alertes » et « chercheurs de vérité »...

L'« individu en foule acquiert, par le fait seul du nombre, un sentiment de puissance invincible qui lui permet de céder à des instincts que, seul, il eût forcément refrénés » (Gustave Le Bon). L'ardeur mise dans le lynchage – la forme que les sociétés archaïques donnaient à la justice – est renforcée par un biais cognitif bien connu en psychologie sociale : l'effet de faux consensus. Le complotiste, cet égocentrique, se croit en effet généralement majoritaire ou en passe de le devenir. La Grande Révélation, la Tempête qui balaiera le « Système », le jour du Jugement, sont toujours imminents. De fait, sur les réseaux sociaux, on l'entend beaucoup. Sa voix porte bien plus que ce qu'elle représente réellement. Car il est, en réalité, minoritaire.

Les non-complotistes – j'ai failli écrire « les gens normaux » – n'ont en général pas le temps de s'intéresser aux théories du complot. Ils ne se lancent pas dans des campagnes de harcèlement et d'intimidation, ne commentent pas les posts de personnes qui leur sont inconnues pour les insulter ou les menacer, ne partagent pas de publications haineuses et débiles. Ils n'ont pas besoin de s'exonérer de leurs propres échecs en les attribuant à d'autres.

Par effet de contraste, les non-complotistes nous renseignent sur la fonction du complotisme : une stratégie de compensation paresseuse développée par des personnes dont l'estime de soi est fragilisée. À défaut de vous faire toujours briller en société, déblatérer des théories du complot vous procurera un sentiment de contrôle et vous permettra d'assouvir provisoirement une sorte de revanche sociale. Mais n'oubliez jamais que la plupart des gens autour de vous s'en rendent compte.

Je ne m'étendrai pas sur ceux qui observent tout cela amusés, ces nihilistes qui ne veulent pas voir de différence entre un combat de gladiateurs et un groupe d'innocents livrés aux fauves ; les nihilistes pour qui l'affrontement des complotistes et des *fact-checkers* n'est que la confrontation de deux « narratifs », dont sortira vainqueur le plus convaincant ; les nihilistes qui, préférant renvoyer dos à dos la vérité factuelle et le bobard, font la courte échelle à la calomnie. La vérité – c'est proverbial – est souvent contre-intuitive, plus lente, en un mot moins séduisante que le mensonge. « Mentez une fois à propos de quelqu'un et beaucoup ne vous croiront pas. Répétez le même mensonge un million de fois et c'est l'homme sur qui vous avez menti que plus personne ne croira » (Salman Rushdie).

8

Plus que l'intimidation ou la terreur, ce qui est recherché, c'est la paralysie de notre action, la congestion.

Dans cette battue, il est impératif de prendre de court l'adversaire. En quelques jours, ce sont des heures et des heures cumulées de vidéos qui sont mises en ligne frénétiquement. L'effet est de noyer l'accusé sous une avalanche de contenus diffamatoires auxquels il est pratiquement impossible de répondre de manière complète dans un laps de temps limité. On remobilise ainsi la base de ses suiveurs tout en appliquant concrètement cette « loi de Brandolini » qui veut que la quantité d'énergie nécessaire pour réfuter de fausses allégations soit significativement supérieure à celle mobilisée pour les répandre.

Pour écrire ce texte, j'ai dû renoncer à restituer plus qu'un maigre échantillon du torrent ininterrompu de boue qui est déversé sur nos patronymes. Dresser une recension exhaustive des offenses qui nous sont faites nous occuperait à plein temps, nous détournant du travail d'analyse qui nous vaut une si féroce sollicitude. Perdre du temps à les répertorier serait en quelque sorte accomplir la volonté de nos diffamateurs. Toutes les ressources et l'énergie mises dans la construction de sa propre défense sont des ressources et de l'énergie qui ne sont pas investies ailleurs.

Il est possible qu'un jour, un archéologue parvienne à scanner Internet au moyen de quelque technologie sophistiquée : il constaterait que je n'exagère pas lorsque j'affirme que mon nom a été constamment sali, pendant des années, par d'innombrables individus, identifiables pour une poignée d'entre eux, anonymes pour l'immense majorité.

Je préfère écrire que c'est mon nom qui est sali plutôt que moi. Moi, je ne me sens sali en rien. Au contraire. Ce qui prédomine, c'est le sentiment qu'il y a un certain panache à contribuer de manière aussi décisive et avec de si faibles moyens (mes si puissants mécènes m'excuseront de le dire !) à une tâche aussi ingrate – et donc également, pour ces raisons, aussi noble – que celle à laquelle je m'astreins depuis maintenant tant d'années.

La plupart d'entre nous faisons désormais l'expérience d'une existence au minimum duale : une existence dans la vie réelle, hors ligne, et une existence en tant qu'utilisateur connecté. Avoir une petite notoriété sur Internet, c'est cohabiter avec une sorte de double numérique, somme de mes interactions digitales elles-mêmes déformées par le tamis des réseaux sociaux. Sur l'ensemble de ce que j'ai exprimé, en effet, qu'est-ce qui sera retenu, qu'est-ce qui sera oublié ? Ce double numérique, c'est donc moi sans être vraiment moi. Une partie de ce double échappe à mon contrôle. Pourtant, pour l'essentiel, j'en conserve la maîtrise. Si je ne devais être comptable que de mon double numérique, les choses seraient simples.

Mais il y a une perversité propre aux réseaux sociaux. C'est que nous n'y sommes pas jugés pour nos mots et nos silences mais aussi pour des mots et des silences qui ne sont pas et n'ont jamais été les nôtres. Ce que nous disons, faisons, écrivons ou taisons effectivement est de peu de poids face à ce qu'on nous reproche d'avoir dit, fait, écrit ou tu. Peu importe avec qui ou quoi vous êtes ou avez été associé. Ce qui compte, c'est avec qui et avec quoi on vous associe. Mon double numérique est ainsi en permanence menacé d'être recouvert par l'ombre portée d'un double maléfique agrégant les calomnies, suspicions, mensonges, fausses informations et accusations infamantes qui ont été portés contre moi. Sur celui-ci, je n'ai à peu près aucune prise. On fabrique de moi l'image d'un homme douteux, condescendant, antipathique. L'image d'un menteur, d'un faiseur, d'un médiocre. On ne va pas, dans la grande majorité des cas, vérifier sur pièces. Pourquoi le ferait-on et qui suis-je après tout pour le mériter ?

Je ne me suis jamais spécialement répandu en détail sur Internet au sujet de mon parcours professionnel, de mon cursus. Pas par un quelconque goût du secret mais parce que je tiens à préserver ma vie privée, à protéger les miens… Rétrospectivement, je ne pense pas avoir commis d'erreur mais je mesure cependant à quel point ne pas occuper l'espace était le laisser libre à mes diffamateurs. Devenue une composante à part entière de leur fantasmagorie, ma personne est un sujet sur lequel ils ont produit un discours. Et un discours délirant, remplissant le vide laissé par ma réticence à parler de moi et de mon CV. Écrite à l'encre de leurs obsessions, la biographie alternative que les complotistes proposent de moi s'impose d'autant plus facilement qu'il n'en existe pas d'autre disponible en circulation.

Le 7 janvier 2023, un collectif radical spécialisé dans la dénonciation des « médias collabos » (comprendre : « les médias *mainstream* ») a organisé à Paris une manifestation de soutien au site complotiste FranceSoir.

L'une des cofondatrices de ce groupe, une ancienne infirmière suspendue, a expliqué face caméra qu'elle prendrait plaisir à me « casser la gueule ». Jusque-là, je ne la connaissais pas. Le plus singulier est que, quelques heures plus tôt, elle improvisait un discours en pleine rue dans lequel elle proclamait être « dans l'amour et la bienveillance ».

En plein mouvement des Gilets jaunes, un groupe de manifestants a commencé à arborer une banderole associant dans une même réprobation BFM, Le Média et… Conspiracy Watch ! Pourquoi ces trois médias-là précisément ? La dénonciation de BFM était déjà à l'époque automatique ; celle du Média correspondait probablement à une attente déçue ; celle de Conspiracy Watch – dont les moyens sont sans commune mesure avec ceux de BFM ou même du Média – était assurément un hommage involontaire à notre travail de réfutation et d'analyse critique des bêtises complotistes qui ont hanté dès son principe le mouvement des Gilets jaunes. Une telle banderole « BFM-Le Média-Conspiracy

Watch » en disait assurément plus sur ceux qui l'avaient conçue que sur les entités qu'elle dénonçait. Dans quel monde fallait-il vivre pour imaginer un tel attelage ?

Il est cocasse qu'alors que Conspiracy Watch n'a sans doute jamais autant fonctionné comme un média classique, avec une division du travail assurant la répartition de rôles bien précis à chacun de ceux qui y participent, ce n'est plus Conspiracy Watch qui est attaqué mais moi, comme s'il s'agissait de me couper de mon équipe et de m'isoler. « Directeur de Conspiracy Watch ? Il est tout seul ! » (Twitter, 4 janvier 2021) écrit à mon propos une figure de la complosphère hexagonale, Silvano Trotta. En personnalisant les enjeux, en faisant passer le travail d'information que nous menons pour une activité solitaire de *blogging* – ce qui n'est pas déshonorant mais n'a pas, en l'occurrence, le privilège d'être vrai –, on se facilite la tâche. Car une cible collective est comme un banc de poissons : mouvante, changeante, insaisissable. Une bonne cible a un nom et un visage.

On ne peut pas vous faire taire, on ne peut pas vous tuer, alors on essaie de vous anéantir symboliquement. La tentative de destruction de votre personne passe fréquemment par le jeu de mots – si l'on peut appeler « jeu de mots » la goguenardise la moins inspirée, la plus plate, la plus bas de plafond qu'on puisse concevoir. La presse nationaliste ne cessera d'affubler Roger Salengro de sobriquets tels que « Grensalo » ou « Proprengro ». Pierre Mendès France était surnommé par les mêmes « Mendès Égypte » ou « Mendès Jérusalem ». Les héritiers de *Je suis partout*, aussi imbéciles mais plus incultes encore, tournent en dérision le nom de son petit-fils, Tristan Mendès France, en « Tristan Merguez France », « Merguez Israël » ou simplement « Merguez ». (Chaque époque semble avoir les antisémites qu'elle mérite.) William Audureau, journaliste à la rubrique de vérification des faits du journal *Le Monde*, devient « ordureaux » (Les DéQodeurs, Twitter, 2 janvier 2023). Dans un effort aussi dérisoire que pervers de nazifier ma personne, les mêmes ne peuvent pas s'empêcher de faire précéder mon patronyme de la mention « IIIe ». (Vous l'avez ?)

On n'hésite pas à falsifier votre nom pour vous attribuer des origines inavouables. *Gringoire* lança la rumeur durable (on la retrouvera dans l'édition 1959 du *Petit Larousse*, présentée comme une information authentique) que Léon Blum s'appelait en réalité « Karfunkelstein », patronyme inventé qui faisait de l'homme du Front populaire un Judas allemand, concentrant sur sa personne la figure de l'ennemi de l'intérieur et celle de l'ennemi héréditaire. Autrement dit un traître au carré, « à fusiller, mais dans le dos », comme l'écrivit Maurras !

L'ancienne First Lady américaine, Michelle Obama (Robinson, de son nom de jeune fille), a été rebaptisée « Michael Robinson » par la complosphère raciste de son pays. Brigitte Macron fait l'objet depuis plus d'un an du même genre de mensonge ignominieux. Dans les deux cas, il s'agit de suggérer que les deux épouses de président auraient secrètement changé de sexe – ce qui, du même coup, fait respectivement d'Emmanuel Macron et de Barack Obama des homosexuels honteux. Dans le cas de ce dernier, cette calomnie homophobe venait souvent des mêmes qui accusaient l'ancien chef d'État américain de mentir sur la réalité de son appartenance confessionnelle. En veillant à ne l'appeler que Barack Hussein Obama – son nom complet –, ils insistaient sur l'origine musulmane, étrangère et donc coupable, d'un homme indigne selon eux de diriger l'Amérique.

Le déchiquetage de votre personne passe aussi par la destruction de votre visage. On l'affuble d'un nez rouge. On en fait une capture d'écran particulièrement défavorable, propre à inspirer la répulsion, la mine grimaçante, les yeux écarquillés, la bouche en cul de poule. On met en scène votre personnage dans des vidéos à la tonalité scatologique, le représentant en train de se faire gifler. On lui inflige les sévices que, dans certaines manifestations, on dispense aux mannequins désarticulés de tel ministre ou chef d'État particulièrement honni. Tout est bon pour s'acharner sur votre personne.

Homme de médias, spécialiste de l'opinion et membre du bureau exécutif de La République en Marche, Claude Posternak est devenu un « mème » à la suite d'une séquence télévisuelle de quelques secondes : le 18 juin 2021, il est en plateau sur la chaîne CNews. En duplex, Dominique Delawarde. Ce général à la retraite vient parler d'une tribune controversée qu'il a signée quelques jours plus tôt et jouant dangereusement avec l'idée d'un putsch militaire. Mais Delawarde est aussi l'auteur d'un texte subtilement antisémite publié en novembre 2020 sur un site notoirement complotiste, le Réseau Voltaire, de Thierry Meyssan. Pour avoir confronté publiquement l'ancien officier à cet écrit, Posternak a vu son visage se transformer en signe de ralliement de toute une mouvance d'extrême droite, véritable message codé adressé à tous ceux qui dénoncent la main des Juifs derrière la crise sanitaire et les mesures prises pour l'endiguer. Quelques semaines plus tard, dans des manifestations contre le passe sanitaire, certains arboreront des pancartes représentant le visage de Posternak figé dans une expression de vocifération qui ne peut pas ne pas faire penser à celui de Goldstein dans l'adaptation cinématographique qu'a donnée Michael Radford de *1984*. Dans le roman d'Orwell, des extraits de discours d'Emmanuel Goldstein – « l'Ennemi du Peuple », le traître, le saboteur en chef – sont projetés lors d'un rassemblement quotidien servant d'exutoire aux frustrations accumulées, « les Deux Minutes de la Haine ».

Et puis, on vous tutoie. « Julien Pain encore une fois tu t'es fait démasquer ! Avec tes fake-news !! ça doit faire mal là » (Adrien Bocquet, Twitter, 17 octobre 2022). « Tu bosses pour qui, Rudy ? T'es payé par qui ?! » (Jean-Dominique Michel, Twitter, 4 & 5 décembre 2022). « Alors sale juif, tu n'as toujours pas fermé ton ignoble site ? » (message reçu par le formulaire de contact de Conspiracy Watch le 26 décembre 2022). « Tristan fait pas le malin parce que t'as déjà perdu » (@MAKEtwain, Twitter, 3 janvier 2023). « Toi et ta clique de malsains, on s'en tape, tu n'es aucunement crédible. Les racailles de ton espèce, pervers pédophiles, sache que le moment est venu, on va vous traquer et vous dégager très prochainement, ce n'est qu'une question de temps » (@Gg67800, Twitter, 30 décembre 2022)... Des personnes avec lesquelles vous n'avez jamais échangé et n'avez pas la moindre affinité de pensée, tentent de vous imposer le tutoiement. Ce n'est pas là le tutoiement de la franchise ou de l'empathie mais celui de la grossièreté et de l'agressivité. Le tutoiement de l'insulte. C'est un moyen pour ces personnes de vous rabaisser à leur niveau. « Le monde où le tutoiement est d'usage commun n'est pas un monde d'amitié générale, mais un monde d'omniprésent irrespect », écrit Kundera.

On s'en prend à la qualité de votre travail : « C'est quoi ce compte ? "Conspiracy Watch" on dirait un truc de geeks frustrés » (Virginie Joron, eurodéputée RN, Twitter,

20 octobre 2022). J'aurais écrit un essai sur le complotisme d'une nullité abyssale. Variante : je serais trop nul moi-même pour être le véritable auteur de mon livre (à tout prendre, je préfère encore cette version). « Qui est l'incompétent Rudy Reichstadt ? » titre le blog d'un dentiste marseillais complotiste (Lelibrepenseur.org, 8 janvier 2023). « Et France Inter (service public, payé par nos impôts) qui vient d'engager un con pour dénoncer les "plotistes". Mdr » (André Bercoff, Twitter, 20 décembre 2020).

On vous invente de toutes pièces des citations et des intentions qui ne sont pas et n'ont jamais été les vôtres : c'est Jacques Attali contraint de rappeler qu'il ne prône pas l'euthanasie des personnes âgées ; Bill Gates de dire qu'il n'a pas pour projet d'implanter une puce dans le corps des gens grâce aux vaccins contre le Covid ; Yuval Noah Harari de faire une mise au point pour déplorer qu'on l'accuse d'appeler de ses vœux des dangers sur lesquels, en réalité, il alerte l'opinion depuis des années ; Klaus Schwab d'expliquer dans la presse que son livre, *La Grande Réinitialisation*, analyse les conséquences de la pandémie et ne propose aucune recette pour mettre en place un État autoritaire ou une dictature marxiste, qu'au contraire il met en garde contre l'émergence d'un « capitalisme de surveillance » ; c'est George Soros déplorant d'être devenu aux yeux de certains l'incarnation du « conspirateur mondial sioniste bolchevik judéo-ploutocratique ».

Influenceur complotiste et propagateur de fausses informations particulièrement actif sur les réseaux sociaux, Idriss Aberkane a relayé à plusieurs reprises le mensonge selon lequel j'aurais soutenu l'invasion de l'Irak en 2003, une pure invention provenant d'un article anonyme circulant depuis des années sur la complosphère et me reprochant – là encore trompeusement – une appartenance à une association appelée Le Cercle de l'Oratoire – dont j'ai appris l'existence par la presse.

En novembre 2022, le même m'accuse d'être « le suspect numéro un » d'un pseudo-scandale monté en épingle par lui et Xavier Azalbert, le patron de FranceSoir. Incidemment, il prétend dans une interview sur Sud Radio que j'aurais soutenu dans les colonnes de *L'Express* que la Charte de Munich, un texte de 1971 qui énonce les devoirs et droits des journalistes, était un « document complotiste ». La charge paraît dérisoire, pourtant elle mérite qu'on s'y arrête. Car je n'ai jamais considéré que la Charte de Munich était un « document complotiste ». Non seulement c'est une dénaturation éhontée de mes propos – et c'est aisément vérifiable – mais il se trouve que depuis des années, Conspiracy Watch se réclame explicitement des principes de la Charte de Munich. Comment un site qui analyse, critique et lutte contre le complotisme pourrait se réclamer d'un texte qu'il considère comme complotiste ?

Dans un article rendant compte de la campagne de calomnies à laquelle participe activement Aberkane, Conspiracy Watch (je dis « Conspiracy Watch » car cet article est, comme beaucoup d'autres, le fruit d'un travail collectif de notre rédaction) procède à une mise au point factuelle indiquant qu'il suffit de se référer à l'article de *L'Express* pour se rendre compte que ce que dit là Aberkane est un travestissement total de mes propos. Ce dernier partage notre article sur les réseaux sociaux en l'agrémentant d'une nouvelle attaque contre nous, sans évidemment s'excuser ni même commenter la récusation factuelle que nous avons faite de son mensonge.

Il aurait pu en rester là. Mais il se passe alors quelque chose d'inattendu : Aberkane réitère, comme si de rien n'était, son mensonge concernant mes prétendues positions sur la Charte de Munich. Sous son clavier, je deviens même « le sulfureux Rudy Reichstadt ». Dans une mise en abyme assez sidérante, Aberkane piétine cette fameuse Charte qu'il m'accuse trompeusement de dénigrer ! Son toupet a quelque chose de déroutant. Car il suffit à n'importe lequel des 5 000 utilisateurs de Twitter qui ont partagé ou « liké » sa publication de prendre connaissance de notre article – que lui-même a partagé ! – pour s'apercevoir qu'Aberkane dit faux. Aucun ne le fera.

Les extrémistes sont, par définition, des gens bardés de certitudes. La ferveur qu'ils mettent dans leurs affirmations, leur apparente confiance en eux et leur absence de doute ont pour effet d'asseoir leur pouvoir de conviction.

Dans l'un des passages les plus commentés des *Confessions*, Rousseau raconte comment il a subtilisé un ruban avant d'accuser de son forfait une domestique avec une audace qu'il qualifie de « diabolique » : « On la fit venir : l'assemblée était nombreuse, le comte de la Roque y était. Elle arrive, on lui montre le ruban : je la charge effrontément ; elle reste interdite, se tait, me jette un regard qui aurait désarmé les démons, et auquel mon barbare cœur résiste. Elle nie enfin avec assurance, mais sans emportement, m'apostrophe, m'exhorte à rentrer en moi-même, à ne pas déshonorer une fille innocente qui ne m'a jamais fait de mal ; et moi, avec une impudence infernale, je confirme ma déclaration, et lui soutiens en face qu'elle m'a donné le ruban. La pauvre fille se mit à pleurer, et ne me dit que ces mots : Ah ! Rousseau, je vous croyais un bon caractère. Vous me rendez bien malheureuse, mais je ne voudrais pas être à votre place. Voilà tout. Elle continua de se défendre avec autant de simplicité que de fermeté, mais sans se permettre jamais contre moi la moindre invective. Cette modération, comparée à mon ton décidé, lui fit tort. »

Notre modération face à la meute seraitelle notre faiblesse ? Reste que nous y sommes condamnés. Non par tempérament mais parce que le combat contre le mensonge est inéxorablement asymétrique. La nature de notre travail interdit que nous ajoutions du faux au faux, de la calomnie à la calomnie, de l'hystérie à l'hystérie.

Si les complotistes mettent en doute beaucoup de choses, il en est une dont ils semblent ne jamais douter, c'est d'avoir raison. L'une de leurs spécialités sur les réseaux sociaux est en effet de prendre leurs désirs pour des réalités. Le triomphalisme qu'ils arborent paraît inversement proportionnel à leur besoin de se rassurer. Ainsi, plutôt que de montrer par un travail scrupuleux en quoi ceux qui les critiquent auraient été légers dans leurs assertions voire auraient commis une erreur (erreur que nous reconnaissons sans peine lorsqu'on nous la fait remarquer… et à la stricte condition qu'il s'agisse bien d'une erreur !), bref au lieu de montrer en quoi la réalité leur aurait donné raison, ils préfèrent claironner leur soi-disant victoire, accuser leurs détracteurs ou se moquer d'eux : « Une petite pensée pour les fact-checkers, qui viennent de disparaître, emportés par la honte, après s'être lamentablement vautrés sur tout ce qu'ils ont "debunké" [emoji « clown »] au sujet du Covid et des vaccins. Adieu donc les Julien pain, Tristan Mendes… » (vl_plus, Twitter, 17 octobre 2022).

Ce triomphalisme accompagne nécessairement la rhétorique complotiste. Il participe de la réalité parallèle dans laquelle évoluent ceux qui souscrivent à ces thèses, les console de leur isolement, sert à intimider leurs contradicteurs et fonctionne à la façon de la méthode Coué. Je l'observe personnellement depuis que j'ai commencé à travailler sur le complotisme. En 2007, déjà, les forums de discussion sur le 11-Septembre bruissaient de la « bonne nouvelle » selon laquelle la « Vérité » avait enfin éclaté et humilié la « version officielle ». Vingt ans plus tard, on cherche pourtant toujours des preuves que les attentats de 2001 étaient autre chose qu'une opération terroriste d'Al-Qaïda.

Le discours complotiste use d'artifices pour brouiller le réel. On ne comprend rien au complotisme si l'on ne saisit pas qu'il est une entreprise visant à altérer notre perception de la réalité en vue de lui en substituer une autre. Tout antisystème n'a qu'un seul rêve qui est de remplacer le système par un système plus conforme à ses intérêts. Pour ce faire, les complotistes s'attachent à rendre complexe ce qui est simple et simple ce qui est compliqué. À minimiser, nier ou méconnaître massivement des éléments cruciaux portant sur des questions auxquelles ils entendent apporter leur contribution et, en même temps, à monter en épingle des broutilles, des points tout à fait secondaires voire anecdotiques. D'où leur dilection pour les pseudo-scandales, affaires artificielles, tuyaux percés, « révélations » douteuses, le suffixe « -gate » (comme dans « Watergate ») et toute la gamme des faux scoops.

Le complotisme prétend aussi renverser le sens des faits. Un renversement complet, orwellien, digne du fameux « la guerre c'est la paix ». En cela, d'ailleurs, il trahit sa nature totalitaire. Nous sommes ainsi constamment aux prises avec des individus qui retournent comme un gant contre leurs détracteurs ce dont ils se rendent eux-mêmes coupables, à la manière des enfants pratiquant le jeu du perroquet. Le plus fréquent est d'accuser ceux qui luttent contre les *fake news* d'être eux-mêmes les véritables propagateurs de *fake news* (technique dont Trump a usé et abusé) et ceux qui critiquent le complotisme d'être les seuls vrais complotistes (car « ils [verraient] des complotistes partout »). Plus récemment, j'ai vu des comptes complotistes influents pratiquant à tout crin l'inversion accusatoire se mettre à accuser leurs adversaires… de verser dans l'inversion accusatoire !

George Soros, né Schwartz dans une famille juive hongroise et rescapé de la Shoah, est dépeint depuis des années par l'Alt-Right américaine en ancien nazi. Ce n'est pas juste une insulte gratuite : on l'accuse littéralement d'avoir participé au génocide. Des photos circulent sur Internet d'un jeune homme en uniforme SS présenté comme étant George Soros. L'élue trumpiste Marjorie Taylor Greene, qui est notoirement proche du suprémacisme blanc et de certains nostalgiques du nazisme, a repris cette rumeur infondée à son compte. Elle affirme aussi que Joe Biden est pire que Hitler.

Croyant savoir que « Hitler avait aussi du sang juif » et que « les antisémites les plus virulents sont en règle générale juifs », Sergueï Lavrov, le ministre des Affaires étrangères russe, en conclut qu'il n'y a rien d'étrange à considérer que le président ukrainien Volodymyr Zelensky, d'ascendance juive, puisse être lui-même nazi. (En fait, il reprend là un mythe forgé peu après la guerre… par un criminel nazi.)

« Conspiracy Watch de Reichstag et Tristan Mendès France font comme *Je suis partout* pendant l'Occupation : ils fichent les opposants et les désignent pour leur déportation dans les camps de la Mort. Il faut les mettre sur les listes de l'Epuration, en n°1 » (Eric Verhaeghe, Twitter, 27 février 2022). « Le négationniste Tristan Mendès-France réécrit l'histoire ! » (Lelibrepenseur.org, 8 janvier 2023). « Rudy Reichstadt ment en toutes circonstances » (François Belliot, septembre 2021).

9

Dans les années 1950, le philosophe Leo Strauss a introduit l'expression *reductio ad Hitlerum*. Il s'agissait de désigner ce procédé grossier consistant à écarter sans discussion des thèses jugées indignes du fait de leur proximité supposée avec une idéologie meurtrière. Amalgamer ces thèses à celles de Hitler, c'est-à-dire au mal absolu, dispenserait de les réfuter sur le fond. Par extension, la *reductio ad Hitlerum*, cette ruse de cc qu'on n'appelait pas encore le « politiquement correct », s'est appliquée à des personnes ou des organisations jugées a priori trop sulfureuses pour mériter qu'on leur apporte la contradiction.

Il existe pourtant bel et bien des thèses débiles ou abjectes, ainsi que des personnes et des groupes irrémédiablement compromis avec le pire. Or, il est de plus en plus fréquent que le simple fait de le rappeler ou de s'en alarmer vaille en retour au mauvais coucheur une réputation de « chasseur de sorcières »...

Bien que la frontière entre la vigilance et le procès d'intention puisse parfois paraître ténue, elle est ce qui sépare le lanceur d'alerte de l'inquisiteur ; Zola (« J'accuse ! ») de Torquemada ; Edward Murrow de Joseph McCarthy. Parce qu'ils se livrent à une critique sans concession des errances complotistes, de nombreux *fact-checkers*, *debunkers* ou journalistes simplement soucieux de séparer les faits de la croyance se voient de plus en plus souvent caricaturés sous les traits peu avenants de censeurs des temps modernes.

Désormais, une pudeur mal placée exige d'eux qu'ils s'abstiennent de dire ce qu'ils observent. Répandue aussi bien à droite qu'à gauche, cette petite musique commence à être familière. Au nom de la défense de la liberté d'expression, elle prétend restreindre celle de ces ennemis de l'emphémisme qui ont l'outrecuidance de qualifier de « complotiste » un théoricien du complot, d'« extrême droite » un parti situé à l'extrême droite et de « terroriste » un assassin de civils. Bref, d'appeler un chat un chat.

Un autre type de raisonnement abusif a ainsi fini par s'imposer symétriquement à la *reductio ad Hitlerum*. Appelons-le : *reductio ad Maccarthum*. On ne vous accuse pas de pactiser avec le diable, mais de prendre un plaisir sadique à diaboliser de pauvres innocents. Manière de s'attribuer à bon compte le rôle de l'hérétique injustement persécuté par un pouvoir dogmatique et intolérant, c'est-à-dire de rejouer la scène inaugurale d'un Galilée martyrisé par l'obscurantisme.

Ne nous y trompons pas : ceux qui dénoncent le plus bruyamment les « chasses aux sorcières » imaginaires dont ils seraient le gibier ne revendiquent pas le droit de douter ou de se tromper, mais le privilège de ne pas être tenus responsables de leurs actes et de leurs paroles. (Commentant l'enquête parlementaire qui démontre qu'il est le principal responsable de l'assaut du Capitole, Donald Trump l'a qualifiée de « chasse aux sorcières ».)

10

Confidence : les théories du complot ne me passionnent pas, je n'éprouve pour elles aucune fascination. Je les décortique, elles me sont devenues familières, mais je n'y vois pas grand-chose d'autre que des spéculations abusives, dans le meilleur des cas. Il y a des complotistes défroqués qui viennent à l'anti-complotisme après en avoir fait le tour. Ma trajectoire personnelle est différente : depuis que je suis adulte, les théories du complot ne m'ont jamais attiré. Je n'ai eu pour elles qu'indifférence ou méfiance résolue.

Ce qui me vaut d'être dans le collimateur de leurs promoteurs ne fait aucun mystère pour moi. J'ai contribué à percer à jour leur malhonnêteté, j'ai dérangé leur business de bonimenteurs professionnels. Qu'ils me combattent, je n'en attends pas moins. Mais sont-ils obligés de s'avilir un peu plus encore en le faisant ? Il est pénible d'être attaqué par une personne à qui vous reconnaissez des qualités. Il est juste fatigant de l'être par des individus insignifiants, souvent anonymes, et pour qui vous n'avez aucune estime.

La dernière des choses à écrire, lorsque vous êtes victime d'une campagne de diffamation, c'est que cela vous atteint. C'est le moyen le plus sûr d'encourager vos calomniateurs à intensifier encore leurs assauts. Tout signe de faiblesse sera interprété comme une brèche dans votre armure. Il est donc toujours conseillé de ne rien laisser paraître de votre abattement, d'exhiber au contraire votre détermination, de donner le change, quitte à fanfaronner. De faire, en tout état de cause, comme si rien de tout cela ne vous atteignait.

Mais on a beau dire : ça nous atteint. Comment pourrait-il d'ailleurs en être autrement quand on met en doute votre probité, quand on vous accuse d'être corrompu, de mauvaise foi ? Ça nous atteint et celui qui prétend le contraire ment ou est fait de kevlar. À moins qu'il ne cultive un tel mépris pour la vérité qu'il en soit devenu indifférent aux mises en cause répétées de son honnêteté. (En janvier 2021, le *Washington Post* a publié une infographie dans laquelle étaient dénombrées les 30 573 allégations fausses ou trompeuses proférées par Donald Trump durant les quatre années de son mandat présidentiel – soit plus de vingt par jour. Je suis absolument convaincu que cela n'a pas nui à la qualité de son sommeil.)

Pour ma part, je dirais que je parviens la plupart du temps à ignorer ou à oublier les mises en cause dont je suis l'objet. Avoir une intense activité professionnelle présente au moins cet avantage de ne pas vous laisser le temps de ressasser les petites avanies du jour ni même d'ailleurs de toutes les voir passer. Mais parce que chaque jour n'est pas ensoleillé, parce qu'aux hauts succèdent les bas, il arrive aussi que les soupçons qu'on fait peser sur vous vous rongent, comme autant de particules radioactives qui pénétreraient sous votre peau. À ceci près qu'il n'existe aucun sas de décontamination pour se débarrasser une fois pour toutes de la calomnie accumulée.

Alors quoi ? Raconter ma version ? La perspective de retracer le récit exact des accusations absurdes qui me visent m'accable déjà. Je me vois, pour chacune de ces pseudo-affaires au moyen desquelles on essaie de me discréditer, en train de reconstituer laborieusement la chronologie des faits, de citer une fois, deux fois, trois fois les noms d'accusateurs sans relief. La vie est courte. Je ne laisserai pas ces gens me contraindre à raconter par le menu, pour m'en défendre ensuite, une histoire sans queue ni tête, inventée de toutes pièces, en grande partie inracontable, qui ne m'intéresse pas et dont je doute qu'elle intéresse le lecteur.

C'est eux que la vérité blesse. Ce n'est pas à moi de me justifier ni d'entrer dans leur jeu. La seule réponse possible semble être le pas de côté. Faire comme si l'on n'était pas visé soi-même, se considérer de l'extérieur comme l'un des protagonistes d'une campagne de diffamation dont on se propose de faire l'autopsie. Procéder à rebours. Partir non pas du début de l'histoire mais de ses éclaboussures, car elles en sont l'unique vérité : depuis le commencement, il ne s'agit pas de dénoncer des scandales auxquels nos accusateurs ne croient pas eux-mêmes mais de nous abattre, mes compagnons et moi. Et pour nous abattre, nous salir.

La fausseté de l'accusation, l'inanité du « dossier » constitué contre moi, la débilité du réquisitoire sont compensées par un improbable numéro d'esbroufe. Dans une pantomime pathétique des us et pratiques de la Presse – la presse « *mainstream* », la presse « dominante », la presse qu'ils haïssent et adulent à la fois, la presse qu'ils singent –, ils prétendent avoir fait une « enquête », une « investigation ». Ils parlent de « révélation », de « scandale », d'« affaire », évoquent des « sources » (« D'après nos informations [...] », « Notre source indique [...] », etc.). Pour rendre interlope ce qui ne l'est pas, ils lâchent les mots « officine », « organes d'influence » et même : « mafia » !

Et puis, comme aux plus belles heures du maccarthisme, ils se mettent à dresser des listes. Des listes de suspects nominatives où fausses informations et accusations fusionnent joyeusement : « Enquête sur Fact & Furious : Pr Karine Lacombe serait impliquée [...] Les noms de personnes impliquées avec Fact & Furious et/ou commanditaires incluent. Etaient-ils au courant des violences conjugales ? Rudy Reichstadt Tristan Mendès France Maxime Macé Pierre Plottu Debunker des étoiles Acermendax Ari Kouts » (Xavier Azalbert, Twitter, 22 novembre 2022). « Je peux dire clairement que, dans notre enquête, aujourd'hui, le suspect numéro un est Rudy Reichstadt de Conspiracy Watch ! » (Idriss Aberkane, Sud Radio, 24 novembre 2022).

11

Une pratique longtemps en vigueur dans les sociétés aristocratiques fut de régler les conflits entre deux gentilhommes par le duel. Que l'on eût objectivement tort sur le fond de la querelle n'avait pas d'importance : si l'on sortait vainqueur du duel, on était réputé avoir raison par la grâce divine.

À l'ère démocratique, c'est le débat, dans sa forme télévisée, qui est en passe de devenir la nouvelle forme du jugement de Dieu. Pas le débat d'idées, par le truchement de textes argumentés soumis à l'appréciation des pairs et loin des caméras, mais le débat dont l'enjeu est l'assentiment du public, le débat conçu comme un spectacle, comme le choc de *narratifs* dont la véracité est considérée comme secondaire et où l'impression, l'émotion qu'on suscite, comptent plus qu'une démonstration raisonnée. Pour gagner, il me suffit de prendre l'ascendant dans la discussion, d'être meilleur débatteur, d'être plus convaincant. Triomphe des sophistes. Pour une partie de l'opinion, désormais, refuser de relever le gant revient à admettre qu'on n'est pas sûr de la solidité de ses arguments, autrement dit à reconnaître implicitement qu'on a tort.

Créditons les complotistes d'avoir le sens de leurs intérêts bien compris. Ils ont saisi que le débat public (la discussion privée ne présentant généralement pour eux aucun intérêt) leur était finalement profitable, qu'il leur permettait d'avancer leurs pions et d'élargir leur audience. Tout débat public avec un influenceur complotiste lui donne en effet une légitimité et l'installe dans la posture du contradicteur digne de foi. Il n'est donc pas étonnant que l'injonction au débat fasse partie de l'arsenal rhétorique des complotistes et des négationnistes.

Si vous ne consentez pas à débattre avec eux, ils auront beau jeu d'expliquer que vous vous dégonflez, quand bien même vous feriez par ailleurs valoir vos arguments par textes interposés. « Rudy c'est qui cette abrutis payé par nos impôts qui insulte les français, pauvres minable, tu ne tiendra pas un round face à Krusi ou trotta, montre que tu as des couilles de les affronter au lieu de faire le malin » (@arnaud7571, Twitter, 2 janvier 2021). « Mais toi [Tristan], tu es incapable de débattre avec 1 complotiste même pas une seconde. Allé, chiche, toi, Reichstadt et Pain débat en direct face aux 3 DéQodeurs. On garde Thomas Huchon pour les serviettes. Alors ? Un débat ? Un vrai ? Avec des faits ? » (Les DéQodeurs, Twitter, 21 novembre 2022).

Si l'on ne débat pas en public avec les désinformateurs complotistes, c'est parce que les conditions d'un débat authentique ne sont pas réunies. « Un dialogue entre deux hommes, fussent-ils adversaires, suppose un terrain commun, un commun respect, en l'occurrence, de la vérité », écrit Vidal-Naquet.

Ce terrain commun peut exister avec une personne qui se pose sincèrement des questions, avec une personne prête à prendre réellement en considération vos arguments, quand bien même elle serait sous l'influence d'idées complotistes. Je n'ai jamais cessé de discuter avec ces personnes de bonne volonté et je ne les ai jamais confondues avec les prescripteurs d'opinion complotistes.

Ce terrain commun – je peux en témoigner – n'existe pas avec un faussaire. Il n'existe pas avec le propriétaire d'un site complotiste dont on sait qu'il administrait une boucle de messagerie privée sur Twitter soupçonnée de coordonner des campagnes de cyberharcèlement contre ceux qui osaient critiquer le microbiologiste marseillais Didier Raoult. Il n'existe pas avec un homme qui vous traite de « charlatan laxiste » et de « pervers » pour ensuite vous demander ingénument de bien vouloir répondre à quelques questions « dans l'intérêt des Français » (Xavier Azalbert, Twitter, 17 octobre 2022). Il n'existe pas avec un propagateur multirécidiviste de fausses informations, de théories du complot et de mensonges sur votre compte qui, plutôt que de s'excuser, vous lance un « Je suis toujours disponible pour un débat en direct… » (Idriss Aberkane, Twitter, 19 octobre 2022).

Si la discussion publique est inhérente à la démocratie, l'exigence du dialogue à n'importe quel prix en méconnaît les limites. Une agora n'est pas une arène où s'organisent des pseudo-débats entre savants et croyants, entre scientifiques et créationnistes, entre historiens et négationnistes. Une démocratie en bonne santé doit ménager un espace à l'expression des contradictions. Elle a aussi besoin de digues.

Je me suis retrouvé un soir de novembre 2020 sur un plateau de télévision en face de Pierre Barnérias, le réalisateur du film complotiste *Hold-up*. Si l'on ne m'en avait pas informé à la dernière minute – en fait une vingtaine de minutes avant de quitter mon domicile pour gagner le studio d'enregistrement –, je pense que j'aurais décliné l'invitation. J'ai décidé de maintenir ma participation à cette émission, prévue de longue date, avec l'intuition que me défiler causerait un préjudice plus grand encore à la cause que je défends. Je ne suis pas certain que le débat ait tourné en ma défaveur. Je pense même que cela s'est plutôt bien passé pour moi, même si la séquence qui fut finalement diffusée est plus courte, de moitié environ, que celle qui a été captée dans les conditions du direct, et qu'elle a été expurgée d'un passage pas franchement à l'avantage de Barnérias. Toujours est-il que, une heure durant, j'ai eu en face de moi un homme plutôt mal à l'aise et soucieux de se présenter avant tout en victime d'une introuvable censure. Je dis introuvable car son film a été visionné des millions de fois, abondamment commenté et demeurait accessible en deux clics même après son retrait des grandes plateformes de vidéos en ligne. Barnérias revendiquait un point de vue engagé d'auteur de documentaire et cherchait en même temps à se défausser de toute responsabilité pour les propos délirants tenus par certains des protagonistes de son film – raison pour laquelle certains s'en sont désolidarisés, après y avoir participé, à l'image de l'ancien ministre Philippe Douste-Blazy. À la sortie du plateau, nous nous saluons et, affectant un large sourire, il me donne rendez-vous « au tribunal ! », m'avisant qu'il n'a plus l'intention de tolérer qu'on qualifie son film de « complotiste ». Je lui retourne un rictus, prends congé. Je ne serai destinataire d'aucune plainte.

12

Député-maire socialiste de Lille, Roger Salengro est nommé ministre de l'Intérieur début juin 1936 dans le gouvernement que Léon Blum est chargé de former après la victoire du Front populaire.

Le 17 novembre de la même année, il est seul dans sa cuisine. Veuf depuis l'année précédente, c'est sa femme de ménage qu'il prie, par une courte missive laissée à son intention, de bien vouloir l'excuser pour le dérangement. Salengro calfeutre les interstices de la pièce avant de tourner le robinet du gaz vers la droite. Trois autres lettres écrites de sa main seront retrouvées le lendemain au côté de son corps sans vie. Celle adressée au président du Conseil Léon Blum dit : « S'ils n'ont pu réussir à me déshonorer, du moins porteront-ils la responsabilité de ma mort, car je ne suis ni un déserteur, ni un traître. »

« Déserteur », « traître » : ce sont alors les accusations portées depuis quatre mois par la presse d'extrême droite – reprenant des rumeurs colportées depuis les années vingt par des journaux communistes – contre cet élu de gauche, franc-maçon, qui quelques jours après l'installation du gouvernement Blum a apposé sa signature sur les décrets de dissolution des ligues dites « patriotiques ». C'est précisément cela qu'une intense campagne de calomnies cherche à lui faire payer.

Blum charge une commission d'enquête indépendante d'examiner le dossier militaire de Salengro : la proclamation de son innocence ne fait qu'exciter un peu plus la campagne qui le vise. Jusque dans la tombe. Commentant le suicide de Salengro, Tixier-Vignancour, qui servira de mentor en politique au jeune Jean-Marie Le Pen, suggérera que c'était le seul moyen pour le ministre de l'Intérieur de s'épargner de nouvelles révélations…

La réalité : Salengro s'est comporté héroïquement pendant la Grande Guerre. Lui et l'un de ses frères d'armes, le sergent Demailly, s'étaient promis réciproquement que dans le cas où l'un d'eux serait fauché sur le champ de bataille, le survivant ramènerait du côté des lignes françaises la dépouille de l'autre. C'est ce qui se produit le 7 octobre 1915. L'estafette Salengro demande à son officier l'autorisation de sortir de la tranchée pour aller récupérer Demailly. Il est capturé par l'ennemi. Par la suite, la justice militaire allemande le condamne au camp de discipline, où il manque de perdre la vie en raison des mauvais traitements auxquels il est soumis. Il regagne la France après l'armistice. En janvier 1916, trois mois après sa disparition, un conseil de guerre français s'était réuni – comme cela était l'usage lorsqu'un soldat était fait prisonnier – et l'avait acquitté.

La rumeur infamante contre Salengro n'était bien qu'une rumeur infamante. Un siècle plus tard, rien de ce que nous savions en 1936 n'a changé. Les accusations qui pesaient sur lui n'avaient d'autre raison d'être que de l'abattre.

« Des gens vont mourir. Ils vont tomber malades et mourir, ils vont sauter des immeubles et mourir » (Philip Roth). Interviewé par *L'Express* au sujet des attaques délirantes dont, avec d'autres, j'étais la cible, j'ai déclaré que la prochaine étape risquait fort d'être le suicide d'un journaliste – ce qui eut pour effet non désiré d'émouvoir un certain nombre de mes amis. Je voulais dire qu'un autre que moi, qui traverserait par exemple un moment difficile de sa vie, n'aurait pas la chance de pouvoir s'exprimer comme je le fais dans ces lignes, pas la chance d'être aimé et soutenu par ses proches comme je le suis, pourrait en venir à cette extrémité.

Un certain nombre de ceux qui nous attaquent se réjouiraient de nous voir morts, je n'ai aucun doute là-dessus. C'est ce que laisse très clairement entendre la joie mauvaise et le sadisme qui dégoulinent de leurs messages.

13

En l'espace de quelques semaines, je suis donc passé d'agent d'influence américano-sioniste (et, je le rappelle, propriétaire putatif d'un luxueux appartement monégasque !) à tâcheron stipendié par le Modem pour 20 000 euros – sans avoir rien fait pour mériter cette outrageante rétrogradation.

Mais ce n'est pas le plus drôle. Le plus drôle est qu'on m'a également trouvé plus récemment un prétendu « lien » avec une boutique en ligne de lingerie BDSM (pour « bondage, domination, sado-masochisme ») ! C'est une chose que, sans mauvais jeu de mots, on ne m'avait jamais faite.

On m'imagine donc depuis des années travaillant pour un service secret étranger, un pouvoir caché, un « État profond » ; on me présente depuis des mois en démiurge occupé à animer un réseau ayant des ramifications jusqu'à l'Agence France Presse et capable de manipuler Wikipédia. Je retrouve la photo de mon visage au milieu de schémas complexes, striés de flèches censées indiquer des liens cachés entre toutes sortes d'entités inquiétantes (et qui ne font en réalité que trahir la paranoïa de leurs auteurs). Or, après avoir révélé ma coupable implication dans une combine visant à discréditer de courageux lanceurs d'alerte, on porterait l'estocade en me découvrant un lien avec… un site de lingerie ? C'est ce qui devrait me terrasser, moi qu'on imagine retranché dans une base secrète, tel Fantômas scrutant ses écrans de contrôle depuis son QG souterrain ? (Il me faut préciser que l'image de Fantômas a *réellement* été utilisée dans l'un de ces schémas.)

Le ridicule de l'accusation est tel que je ne peux m'empêcher de sourire, bien conscient toutefois que rien n'est inenvisageable de la part de mes diffamateurs pour brosser de moi le portrait de quelqu'un de louche, à qui on ne confierait ni ses économies ni la garde de ses enfants. Il manquait au tableau un procès en lubricité, on l'instruira donc de cette façon. Ma « chance », si je puis dire, c'est qu'à cette occasion ils ont peut-être poussé le bouchon un peu trop loin. Pas parce que c'est invraisemblable : je n'ai pas de lien avec une personne propriétaire d'un site de lingerie BDSM mais l'incrimination ne relève pas de la science-fiction. Non, s'ils ont poussé le bouchon un peu trop loin, c'est parce qu'en retenant pour leur réquisitoire cet élément qui n'est pas seulement faux mais aussi, et surtout, trivial, ils font éclater au grand jour la vacuité de leur dossier d'accusation, révélant du même coup leur rage à faire feu de tout bois.

Des ragots aussi grotesques ont au moins le mérite de nous instruire sur l'une des caractéristiques du complotisme : certains auteurs, comme Roberto Bui (alias « Wu Ming 1 »), soutiennent que les théories du complot partent « toujours d'un noyau de vérité ». Qu'elles parlent de la réalité, je le concède : j'existe, le Modem existe, les sites de lingerie aussi… Mais il y a une différence entre affirmer que les théories du complot ne se développent pas « dans un univers de pure gratuité » et « libre de tout contact avec la présence des réalités de l'histoire » (Raoul Girardet) et soutenir qu'elles sont « toujours » porteuses d'une *part* de vérité : je peux garantir que les inventions que je viens d'évoquer à mon sujet n'en contiennent pas. Pas un seul atome.

J'écrivais tout à l'heure que ces attaques m'atteignaient parfois. Je parlais alors des petites écorchures narcissiques que m'infligent les insultes et les mises en cause de mon honneur. Mais ce n'est pas le plus important. Ce qui affecte le plus ceux qui ont été confrontés à des campagnes de haine, c'est l'inquiétude pour leurs proches, la perspective qu'ils puissent être éclaboussés eux aussi par la fange et, par-dessus tout, qu'il puisse leur arriver quelque chose. Pour moi, cela s'est produit le 1er décembre 2022, lorsque le patron de FranceSoir a livré en pâture aux réseaux sociaux le nom de ma femme, la diffamant elle aussi au passage et la mettant du même coup en danger.

J'ai hésité avant d'écrire les lignes qui précèdent. N'y a-t-il pas quelque inconscience à dévoiler ainsi son point faible à ses adversaires ? Est-ce que je n'expose pas ma compagne, ma famille entière, aux représailles d'un déséquilibré qui aura trouvé là le moyen de m'atteindre pour de bon ? Réflexion faite, c'est un secret de polichinelle que, pour intimider quelqu'un, il suffit de menacer de s'en prendre aux personnes auxquelles il tient le plus au monde.

Alors, si vous vous sentez la détermination du cinglé anonyme dont je viens de parler et que vous lisez ces lignes, arrêtez-vous un instant. Demandez-vous si vous voulez être celui qui menacera la famille d'un type que vous ne connaissez pas, à propos de qui vous avez certes lu et entendu toutes sortes de choses horribles, mais qui vous crie ici que ces choses ne sont pas vraies.

Demandez-vous si je ne mérite pas le bénéfice du doute – si vous vous reconnaissez quand je parle des « complotistes », vous devriez après tout vous y connaître en doutes, il paraît que vous en avez à revendre.

Demandez-vous si vous ne valez pas mieux que ça.

Décembre 2022-Janvier 2023

REMERCIEMENTS

Ma gratitude va à Christophe Bataille pour sa suggestion de transformer en livre ce qui n'était au départ qu'un chapitre destiné à un autre ouvrage, ainsi qu'à Pierre Marlière pour son accompagnement sans faille. Je remercie également Gilles Karmasyn et Antoine Vitkine pour leurs remarques amicales et tant d'autres choses.

BIBLIOGRAPHIE

Raoul Girardet, *Mythes et mythologies politiques*, Paris, Le Seuil, 1986.

Milan Kundera, *La Plaisanterie*, Paris, Gallimard, 1968 [1967].

Gustave Le Bon, *Psychologie des foules*, Paris, Payot, 2020 [1895].

George Orwell, *1984*, Paris, Gallimard, 1950 [1949].

Philip Roth, *J'ai épousé un communiste*, Paris, Gallimard, 2001 [1998].

Jean-Jacques Rousseau, *Les Confessions*, Paris, Gallimard, 2009 [1782].

Salman Rushdie, *Joseph Anton, une autobiographie*, Paris, Plon, 2012.

Pierre Vidal-Naquet, *Les Assassins de la mémoire*, Paris, La Découverte, 2005 [1987].

Antoine Vitkine, *Les Nouveaux Imposteurs*, Paris, La Martinière, 2005.

Cet ouvrage a été imprimé par
CPI Firmin-Didot au Mesnil-sur-l'Estrée
pour le compte des Editions Grasset
en mars 2023

Mise en pages
PCA 44400 Rezé

PAPIER À BASE DE
FIBRES CERTIFIÉES

Grasset s'engage pour
l'environnement en réduisant
l'empreinte carbone de ses livres.
Celle de cet exemplaire est de :
350 g éq. CO_2
Rendez-vous sur
www.grasset-durable.fr

N° d'édition : 22797 – N° d'impression : 174051
Dépôt légal : avril 2023
Imprimé en France